द लास्ट फ्लेम

पूजा शेखर & मीठी कुमारी

क्रम-सूची

प्रकाशन के बारे में

वड्र्स ऑफ सोल एक राइटिंग कम्युनिटी है, जहां हमारे पास नए नवोदित लेखकों का एक समूह है, जो भावनाओं को शब्दों में ढालने की अपनी प्रतिभा के साथ हैं।

उत्साही लेखकों को प्रोत्साहित करने और उनकी सराहना करने के लिए 15 मई 2021 को डॉ. निकिता दुदागी और लकी पांडे द्वारा गठित समुदाय के सर्वश्रेष्ठ लेखक को पहचानने के लिए साप्ताहिक विशेष कार्यक्रम और कार्यक्रम आयोजित किए जा रहे हैं। वड्र्स ऑफ सोल, महत्वाकांक्षी लेखकों का एक समूह जो पाठक के मन को प्रेरित करने के लिए अपने दिल की भावनाओं को स्याही करता है।

वड्र्स ऑफ सोल पब्लिकेशन केवल एक प्रकाशन नहीं है, यह लेखकों का एक प्रकार का परिवार है जिसमें सह-लेखक, लेखक, लेखक, संकलक, सह-संकलक, ग्राफिक टीम, परियोजना प्रमुख, सीईओ, सह-संस्थापक और संस्थापक शामिल हैं। यहां हर कोई अपने विचार देने के लिए स्वतंत्र है

और हम उनके कार्यों की पहल करते हैं....

1. Pooja Shekhar

Compiler

Her flare for writing is genuine and undeniable. She, Pooja Shekhar, an Indian hailing from the City of Falls, Ranchi. A student of English. Pooja is an Author of three books "Levitate: Through Life" and "Komi: The

Witch, Komi and Her Elder Sister", "Wizards: Of Ice", also an Editor of the book "Audacity: To Speak Out Loud" and Compiler of the Anthologies "World of Tomorrow", "Message in a Bottle", "When Love Lasts", and "The Judgment". She finds delight in penning down her feelings and emotions and has co-authored 20+ anthologies. She being a soulful writer loves to recreate be-quilling literature. She is a nature and animal lover.

WORLD OF TOMORROW

World of Tomorrow

No one's what is it

Or who it is

Since the places will change

The people will change

Or will they remain the same?

The places looking as though they were trapped in time

The faces looking as though they were trapped in picture

Wondering about the world of Tomorrow

We will someday die

Even after seeing tomorrows

Till the day we die

2. Mithi Kumari

Co-Compiler

Mithi Kumari is a second year graduate student of English literature. Her interests and hobbies lies in candid photography, travelling from time to time, savoring delicacies and cooking them, while showing her creativeness through writing. She is from Bhagalpur, Bihar.

He is not with me, but he is in my memory

Whenever I saw his smile,

I got smile on my face, no matter what's the situation...

Now I have his smile only in my memory, in my heart and in my mind...

That smile gives me divine smile and pearls like tears in my eyes...

I have his smile in my memory, in my heart and in my mind...

Every night, every morning comes in my mind is

his memories and flashbacks of our good time,

Which we had spent together, he is no more with me...

But I have him in my memory, in my heart and in my mind...

The felling of not being with him so painful and makes

heart so heavy...

I fell so drained, as even unable to speak,

No words to express my feelings.

All those memory and flashbacks give a kind of happiness

But the presents senerio is painful as he is no more with
me.

The only thing I have is his memory in mind, and in my
heart...

Fear of losing your love one

I have a cute,white kitty Bella

She came in this world a week ago

Her mother Bellina died

during giving her birth to Bella

Cats have a very small life span

then humans I saw death of Bellina

Now I have fear of lossing Bella ,

after few years Bella will also die.

In a very few day I attached to Bella alot, like her mother
Bellina was to close to my heart .

Bella is like my kid, but she will also die after few years.

How could I saw lossing my loves one like that ...

Bellina was the only with whom I use to talk and spent my
time. Now I have Bella,but she will not gonna be with me
forever .

Nothing is forever, the fear of losing Bella, draining me,
haunting me

and making me fell low from today....

3. Binod Dawadi

He is Binod Dawadi from Purano Naikap, 13
Kathmandu, Nepal.
He is a writer, teacher and a social worker.
His hobbies are reading, writing, and watching movies.
He has wrote in more than 1000 Anthologies.
His dream is to become a successful writer

Fire

Fire is a yellow as well as golden colour,
Fire is giving me heat in the cold winter,
The experience of last flame,
Was so much good, We have cooked chicken and burn,
The meat in the fire,

Fire is the third of a God,
I realize it's power,
As well as give thanks for,
The fire for,
Making our life,
So much happier.

4. Vimala Thanggavilo

T. Vimala is the youngest daughter of Mr. & Mrs. S.Thanggavilo M.Thevanai. She was born and lives in Malaysia. Written more than 200 quotes and poems. Instagram @fun_luv_joy and @uninterruptible_quotes. Co-Author for over 30 anthologies. We are grateful for everyone's support. Thank you.

Choosing You

My addiction to your voice,
Raise my heartbeats.
Your love abuse my feelings,
Make me realize pleasure in pain.

One word from yours,
May flame my desire.
Giving up on you,
Never in my choice.

Mind distracted by hurt feelings,
Get attracted by your caring.
Briskly breathe,
Tempt my soul.

The smooth touch of you,
Vibrate my inner voice.
Giggle for windy,
Mingle in your breathing.

5. Vansh Dhiman

Vansh loves to write about many things. He is pursuing B.Com. He is a very quiet person but when it comes to writing...his words speak more and when they speak, they always touch heart and make you relatable to them!

बचपन मे

बचपन मे माँ ने मुझे बताया था कि मुंडेर पर बैठी फाख्ता, असल मे एक पागल प्रेमिका है। जो अपने प्रेमी की तलाश में इधर उधर भटकती हुई विरह के गीत गाती है। वो नही जानती कि उसका प्रेमी मर चुका है। आज भी कभी कभार किसी सुबह फाख्ता की आवाज़ मेरे कानों में पड़ती है तो देर तक सुनता हूँ। मुझे कभी भी फाख्ता की आवाज़ में प्रेमी के बिछड़ने के पीड़ा महसूस नही होती, बस एक थकान के अलावा। शायद वो थकान मेरी अपनी है, जो देर तक उसकी आवाज़ सुनने के बाद मुझे होती है। हो सकता है कि माँ ने वो कहानी स्वयं ही गढ़ी हो। क्या पता फ़ाख्ता किसी पक्षी का नाम हो, बजाय किसी प्रेमिका के। मैं कभी समझ ही नही पाया कि माँ ने मुझे उसके बारे में क्यों बताया था और ना कभी पूछने का समय मिला, इसीलिये मैं बार बार एक पक्षी को पागल प्रेमिका समझने की भूल कर बैठता हूँ। या फिर ये प्रेम की ताकत रही होगी कि फ़ाख्ता नाम की एक प्रेमिका आज़ाद हो गई। अब वो खुले आसमान में उड़ सकती है। उसका लक्ष्य अपने मर चुके प्रेमी को तलाशना नही, संसार को यह दिखाना है कि प्रेम वरदान है। जो वास्तविक स्वतन्त्रता देता है। फ़ाख्ता बड़ी शांत स्वभाव वाली पक्षी है, वो पक्का किसी गुमनाम आशिक की प्रेमिका ही रही होगी। शायद माँ सच बोलती थी।

6. Ranjna Jha

लेखनी चलती है मेरी,क्योंकि सर पर मां का हाथ है, सफ़र यूं ही बरकरार रहेगी,जब तक मां मेरे साथ है।। "रंजना झा"जमशेदपुर/ झारखंड की रहने वाली एक शिक्षिका हैं।उन्हें हिन्दी साहित्य में स्नातकोत्तर की उपाधि मिली है।उन्हें अपनी रोजमर्रा की जीवन से जुड़े अच्छे-बुरे,छोटे-बड़े,हल्के-फुल्के घटनाओं को लेखनी से चित्रित करना अच्छा लगता है। रोमांटिक काव्य लिखना उनकी कमजोरी है। उन्हें संगीत सुनना और मधुबनी पेंटिंग बनाना अच्छा लगता

है।उन्होंने अपने काव्य को सरल पद्धति से लिखकर, काफी लोगों को काव्य के प्रति रुझान करने को बाध्य किया है। Instagram ID : instagram.com/ranjnajha/

याद आ ही जाती है......!

कई बार मैंने सोचा तुम्हें याद ना करूं

कमबख्त इस क़दर समाए हो कि,

बिन तुम्हारे

जिंदगी में कुछ भी नही बचता।

हर पल, हर लम्हा, हर सांस में तुम बसे हो।

मेरे साथ ना होकर भी तुम,

हमेशा मेरे साथ ही तो रहते हो।

दिल पर राज करते ही हो,

घर के कोने कोने में भी तुम बसे हो।

सभी ओर तुम्हारे होने का ही एहसास होता है

अकेले रहते हुए भी मैं तुमसे बातें करती हूं,

सब मुझे पागल ही समझते होंगे,

पर मैं ऐसी खोई रहती हूं कि

मुझपर कोई असर नहीं होता।

कभी कभी खिलखिलाकर हंस पड़ती हूं,

तो कभी खामोश सी हो जाती हूं।

इस तरह तुम मेरे अंदर समाए हो

कि तुम याद आ ही जाते हो।

7. Muralidhar Agrawal

He is Muralidhar Bansal from Nepal. He loves writing, and has been writing since his student life. He is a B. Com. He is presently engaged in business. He started writing with the self-motivation in his career. He wishes to continue his hands in writing till the time favours. He has published a solo book under publications and is presently compiling anthologies

श्रृंगार

तेरी कला है निराली या है तू कोई कलाकार
देखूँ तुमको तो लगता है कोई चमत्कार ।
तेरा जो है यह अलौकिक अलंकार
क्या बताऊँ गजब लगता है तेरा श्रृंगार ।।

कुछ कहती है तेरी पायलों कि झंकार
छिपा है इसमे भी कहीँ तेरा प्यार ।
करले भले ही तू इस बात से इंकार
मगर सच है कि अतुलनीय है तेरा यह श्रृंगार ।।

तेरी सूरत से झलकते क्या खुब तेरे विचार
दिल लगा बैठा, तू है इतनी दिलदार ।
तारीफों के शब्द भी कम है तेरे लिए, ऐसा है तेरा शिष्टाचार
तेरी सादगी से प्रमाणित है तेरा यह श्रृंगार ।।

तुझसे जुडा है एक अनकहे रिश्ते का तार
तू रूठती रहे, तूझे मनाना है मेरा अधिकार ।
तू है कोई अप्सरा या है शालीमार
बस यूँही सजाती रहो तुम अपना यह श्रृंगार ।।

8. Shrabani Das

She is a cheerful friend of yours; who...from learning Hajimemashite (はじめまして) i.e., saying 'Hello' in Japanese, to being bold at social works, from synchronizing her violin tunes to having dancing feet, from learning the expression of emotions through acting...she believes that, "life's adventure is: when you explore YOURSELF in your comforts as well as in the challenges"

"I'm ME!"

I was asked 'What is my identity?',

I paused for a while,

Went into a zone out of reality,

Little did I know, I was wondering on my personality?,

I'm Me, and that's enough to be.

What makes me wonder,

Is the acceptance of my ability?,

But, who are they to question on my perception?,

I'm here in this world to not impress any person.

I was asked 'What is my identity?',

I paused, and responded in confidence,

I'm Me, and that's enough to be my personality.

9. Pooja Singh

इनका नाम पूजा सिंह है।ये उत्तर प्रदेश के जौनपुर की निवासी है। इन्हें किताबे पढ़ना और हस्तचित्र बनाना पसंद है। इन्होंने जूलॉजी से पोस्ट ग्रेजुएशन किया है।इन्हें लिखने का शौक़ है ,इन्होंने कुछ रचनाए लिखी है। इन्होंने श्रृंगार रस करुणा रस और वात्सल्य रस से परिपूर्ण रचनाए लिखी है।

इंतजार

इंतजार बताता है कि जिसका हो रहा है वो कितना खास है।

बीत जाए कुछ मिनट, घंटे या साल बस एक दस्तक ही आस है।

देखने वालों के लिए तो बस ये समय का हरास है।

पर जो करता है उसको ही पता है कि ये सदियों सा पल इक साज़ है।

इंतजार की जलती गर्मी में जला ही बता सकता है कि , मुलाकात क्या बरसात है।

कभी मिलो आराम से तो बताएंगे कि इंतजार किस्सा नहीं पूरी किताब है।।।

10. Sidrah kafi

My weekend vibes at the sea beach

After a whole week of stressful school work, I used to wait for the weekend to arrive.
When I used to go to the beach very early in the morning, When the sky was stirring up from its sleep at twilight..
When the fading darkness slowly gave way to the soft orange glow of the sun.
I witnessed the sky's transformation into a mosaic of soft yet glowing hues..sometimes light pinkish, sometimes purple..mixed with warm orange..
It looked as if someone had painted the sky haphazardly beautiful.
Soon the sun peeked over the waves...the ocean sparkled when the sunlight caressed it.
I was lost in the amazing contrast of the blue of the ocean and the orange of the sun and where these two seemed to collide at the horizon.
The cool breeze blew, with the coconut leaves swaying and whispering to each other on their tall trunks rooted amazingly in white sand in a row.
I could hear the silly birds chatting with each other and the big gulls flying over the ocean whistling at the top of their lungs.
I used to splosh through the waves, sometimes touching

the salty water with my hands and splashing it around.

I remember trying to compete with the waves, with me trying to leave my footprints on the sand but the ocean wiping them out the next minute. I collected some beautiful shells as a memento to take home.

I found myself lost in the magnificent moment, forgetting the wear & tear of daily life. Finally, the sun came out of the ocean's embrace completely and I found myself turning back to civilisation.

As an ardent lover of South Indian cuisine, I used to be frequent such a restaurants after my tiny expedition at the beach.

And that folks was a weekend well spent.

11. भावना मोहन विधानी

अमरावती निवासी सौभाग्यवती भावना मोहन कुमार विधानी को बचपन से ही लेखन का बहुत शौक रहा है। उन्होंने अपने लेखन का सफर कक्षा सातवीं से बाल कविताओं के रूप में शुरू किया। उन्होंने अब तक काफी सारे लेख शायरी कहानियां कविताएं लिखी है, जो काफी सारी पत्र-पत्रिकाओं में प्रकाशित हो चुकी है। उन्होंने कई बार ऑनलाइन कवि सम्मेलनों में भाग लिया है। लेखन के साथ-साथ भावना जी को बागवानी कुकिंग और गायन का शौक है।

भावना जी ने शादी से पहले सहायक शिक्षिका के रूप में भी कार्य किया है। भावना जी को सोशल वर्क में भी बहुत रूची है। वो अमरावती की कई सामाजिक संगठनों से जुड़ी हुई हैं। उन्होंने अपने घर में एक छोटा सा किचन गार्डन बना कर रखा है उनका मानना है कि सबके घरों में पेड़ पौधे होने चाहिए।

आत्मा

मनुष्य का शरीर नश्वर है परंतु आत्मा अमर है। शरीर के जीर्ण हो जाने के पश्चात आत्मा और शरीर को छोड़ देती है जिसे हम मृत्यु कहते हैं, फिर वही आत्मा दूसरा जन्म लेती है और दूसरा शरीर धारण करती है और यह क्रम तब तक चलता है जब तक आत्मा मोक्ष को प्राप्त नहीं होती। कहते हैं इंसान पशु पक्षी जीव जंतु सभी में आत्मा होती है। और आत्मा को परमात्मा का अंश माना जाता है इसलिए कहते हैं कि कभी भी किसी आत्मा को कष्ट नहीं पहुंचाना चाहिए। आत्मा मस्तिष्क के सहस्त्र चक्र में निवास करती है। आत्मा का धर्म परमात्मा की प्राप्ति करना है। अपने जीवन में कभी भी किसी भी पशु पक्षी जीव जंतु को जितना हो सके नुकसान नहीं पहुंचाना चाहिए क्योंकि सभी में आत्मा विद्यमान रहती है। जहां तक हो सके सभी की मदद करनी चाहिए कभी किसी के दिल को दुखी नहीं करना चाहिए क्योंकि कहते हैं कि जिस तरह दुआ लगती है उसी तरह बद्दुआ भी अपना काम करती है। इसलिए हमेशा अपनी आत्मा को पवित्र और पावन रखना चाहिए। अपने जीवन में जितना हो सके सत्संग योग ध्यान मे अपना समय व्यतीत करना चाहिए ताकि हमारी आत्मा पवित्र बनी रहे। जीवन में कभी भी कोई कार्य ऐसा नहीं करना चाहिए जिससे हमारी आत्मा को तकलीफ हो। जीवन नश्वर है और हम यहां हमेशा के लिए नहीं रहने वाले बस यही सत्य मन में बिठाकर लालच और स्वार्थ से दूर रहना चाहिए। अपना पराया ऊंच-नीच लालच धोखा इन सब से हमें कुछ क्षणों का सुकून मिल सकता है परंतु उसके बाद हमारी आत्मा हमेशा विचलित रहती है। बस हमेशा एक बात याद रखनी चाहिए कि," जीवन रैन बसेरा है, कौन यहां हमेशा के लिए ठहरा है।"

सौ, भावना विधानी✍? @bhavnavidhani123

12. Amisha Sinha

Amisha Sinha is a happy soul who sees the life with a different angle. She is a student of Economics honours. She lives in Patna, Bihar. Amisha is a fun loving person and likes to write her worldly experiences in form of stories and poetries

सियासत

चलो हम भी तुम्हारा अंदाज अपनाते हैं,
तुम्हें तुम्हारे लहजे में समझाते हैं।

वाकिफ नहीं हो अब तक हमारी शख्सियत से तुम,
हम एक बार जो ठान लें वो कर के दिखाते हैं।

दो-चार बाजियां जीत कर
खुद को बादशाह समझ रहे हो,
सियासत की समझ नहीं है तुम्हें,
यहां हुकूमत केवल हम चलाते हैं।

13. ALLEN ANTONY ANDREWS

A voracious writer who loves to write a lot on the current social issues. A talented speaker who is skilled in coordinating and organising various social programs and also skilling to become an author and various other avenues of talent.

The Last But not The LEAST

'Life is such stuff as dreams are made on but our little life is rounded with a sleep', the famous words of Shakespeare itself depicts the importance of our coexistence in this small piece of land formed after the evolution of millions of years. 250 million years age our landmass was conjoined as a single unit which in due time underwent tectonics shift that divided our landmass into various continents. Did such a shift divided our mind or united our mind? The answer maybe divided in opinions but it took a major shift in all sorts of living beings identified and unidentified till date. Here in the essay we are going to discuss a path of sustenance and sustainability in an era of global warming and endangered species threatenings. The responsibility is solely on our feet but there are so many other things we have to look upon.

When a baby is born, he is not just born into a world with zero developments, but he has become a being of sustenance and sustainability from the point where he sees the world. Looking at the list of refugees that are increasing day by day, we all must fear about the day when we all are going to get added up in the list too. It was after the agrarian revolution we all have realised how we are sustained in the world through the agricultural mindset.

From there the thought of rehabilitation and re-union came up to the world, when hectares of forests were cleared up to create a sustainable type of development. Looking before the agrarian age, we were as equal as the animal kingdom, we preyed to live a life; to take a part of our living and also in defiance of various creatures we created our own methods to worship, nurture, live and let live. We were actually in a close relation with the daily life and habitats of those creatures which turned out to be endangered and frustrating in recent days. If we thought of a shared living those days, now we are creating fences for a singled out life.

When we look to the future, the present always hurts us. The plans and actions undertook by various organizations are just becoming a topic of discussion but not as a topic of resumption. We are all behind the way to get a modernized life, where life itself becomes meaningless in the countless amount of pollutants and carbon contents released without any control on our thought process. An age of coal is now on the path of decline due to its negligent behaviour towards the environment, but not reaching the standards of kyoto or other protocols implemented till date.

When the glims and shows of world leaders are just becoming a way to political tolerance, then the protocols are becoming a thing to be read in newspapers and large research loads. How will such a green and sustainable future be possible, if this is the condition that we are prolonging just for our selfish sustenance?

14. Jennifer Okoro Chioma

Jennifer Okoro Chioma is a creative writer, blogger, poet and a medical aspirant. She is sweet sixteen. She is from Enugu state, Nigeria. She has participated in many anthologies and has many certificates. She is a co complier of an anthology "Amour of love" and other up coming anthologies, "The power of the mind" and "Back to cloud nine". She is purpose driven, hardworking, relentless and beautiful.

Hope is light

The hope,
When the cracked dry lips smile.
And the stuttering light shine
At the little children laughters

The hope,
When little petals open,
And light dwells in it,
And the sweet fragrance gush out,
And peace is birth

The hope,
When the full blue moon is out,
And light rain like the sun,
And the sun never sleeps
Until we live out dreams

15. Dr Major Nalini Janardhanan

Dr (Major) Nalini Janardhanan, is a doctor who served in Indian Army as an Army Medical Officer She is a popular writer of Kerala who got Katha Award and a writer of many medical books for which she got IMA Sahithya Award. She is an Akashvani(All India Radio) and Doordarshan approved artist of Ghazals and Bhajans.

THE LAST SMILE

Arun watched his wife sleeping peacefully. When she sleeps her face becomes so gentle and graceful like a small child - He thought. A tear or two were left on her closed eyelids. But her lips were adorned with a beautiful smile. From somewhere far off came the sound of waves beating against the shore. He looked out through the window. The night was dark with no stars in the sky. So dull and monotonous like my life without Sumi- How can I live without her? Arun shuddered at the thought. 'No, God is not so cruel. My Sumi will recover. Once again we will share our fond memories and live happily in our home' -He reassured himself. But somewhere inside his mind he could see a glimpse of fear - Fear of separation - Fear of death! He turned away from the window and looked at her face. Love is a pleasant feeling. He realized it when he touched her face softly with his lips. Suddenly he noticed that her face is cold! He frantically searched for pulse in her hands. 'No, please don't leave me, Sumi!' He sobbed like a child. He could hear the sound of waves beating against the seashore. The lovely smile was still there on her lips.

16. Pooja Bhagwati Boyat

Pooja Bhagwati Boyat, a crazy lover of reading is a painter of her own destiny. She is from fatehpur shekhawati Rajsthan. Recently she has done her M.A. from S.B.D. Todi Clg. She is a writer, Compiler and project head in R.K publication house. she started her passion from book " fragrance of emotions" she has worked in more than 15 anthology as a co author and compiler of 7 Books till now and more on going. she explores all kinds of writing. She is rebel who aims to conquer the world with her writing skills. A confident, passionate and hardworking woman, dreams of becoming a world famous writer. the radius of her ideas expands beyond the universe. She is fascinated with Stars, galaxy, planets and space. She has achieved many awards and certificates related to writing and other compititions. She is fun loving and an avid reader.

सफ़र

बदलती हुई जिंदगी में मुकाम नजर नहीं आते।

हम कोशिश तो करते हैं, पर ज़बाब नज़र नहीं आते।

उतर चुके हैं हम जिंदगी के सफर में।

पर कही हमें सच्चे इंसान नजर नहीं आते।

मैं निकली हूं सच को बेचने।

पर कोई खरीददार नज़र नहीं आते।

यूं तो लड़ने का शौक रखती हुं।

पर लड़ने को इंसान नज़र नहीं आते।

टुटते सपनों को देख कर रो देती हूं अक्सर।

पर बस अब कहीं अश्क नज़र नहीं आते।

दौड़ना,गिरना गिरकर उठना सब सिख लिया।

पर मंज़िलो के दरवार नज़र नहीं आते।

उजालों के इंतजार में बित गई है कितनी ही रातें।

अब तो अंधेरे भी अच्छे लगने लगे हैं।

पर कही उजालों के निशान नजर नहीं आते।

बदलती हुई जिंदगी में मुकाम नजर नहीं आते।

जिन की ख्वाहिश थी सब ऐ जिंदगी में।

वो इंसान नज़र नहीं आते।

17. Amb. Maid Corbic

Maid Corbic from Tuzla, 22 years old. In his spare time he writes poetry that repeatedly praised as well as rewarded. He also selflessly helps others around him, and he is moderator of the World Literature Forum WLFPH (World Literature Forum Peace and Humanity) for humanity and peace in the world in Bhutan. He is also the editor of the First Virtual Art portal led by Dijana Uherek Stevanovic, and the selector of the competition at a page of the same name that aims to bring together all poets around the world

World Is Good

For my sense
World is good
When I have
You in life

You are good person
And I am amazed
Every day is good
For my sense

And my brain says
That I am good
Since you ask
To be happy

And my sense
To be amazed
Every day is nice
For my sense!

18. Shiv Singh

I'm a Guinness World Record holder singer-songwriter who has worked along with America's very popular sound engineer 'Peter Doell' and several renowned bollywood musicians such as Antara Mitra, Abhishek Ghatak, Kohinoor Mukherjee, Tapas Roy & many more. I was a part of India's Got Talent season 08's runner up band 'thelive100experience'. Poetry and lyrics penned by me has been published in USA, Canada and various Indian newspapers. I'm also the author of 'उंस' & co-author of 24 anthologies. My song 'Ek Tum Ho Ek Main Hoon' was FM Tadka's Mic Ke Soorma's semi-finalist.

ओ बेखबर

ओ बेखबर कहीं ऐसा न हो जाए
इश्क़ तुझसे मुझे बेइंतहा न हो जाए

सोज़-ए-दिल इस कदर न बढ़ जाए
तेरे बिन जीना भी मेरा मुश्किल हो जाए

राज़-ए-उलफ़त ये अयां न हो जाए
आँखों से इश्क कहीं बयां न हो जाए

रोक लूं यहीं दिल को मैं? या तेरा हो जाने दूं?
ठुकराए गर तू इसे तो ये अधूरा न हो जाए

19. Miss Swati

स्वाती उत्तर प्रदेश की रहने वाली है ! स्वाती को बचपन से ही लिखने की शौक है , वह अपने छात्रा जीवन से ही लेखन कर रही है | स्वाती अभी तक 40 से भी अधिक किताबो के लिए लिख चुकी है

आज बाजार फिर सूना होने की तैयारी मे है

आज बाजार फिर सूना होने की तैयारी मे है ..

शायद पिछला फिर दोहराने की बारी मे है ...

पहले तो कुछ मिलकर भी गुफ्तगू किया करते थे ..

अब तो हर किसी को insta की बीमारी है ...

मुझे याद नही कब मुलाकात हुई थी ...

बस उस दिन social media पर बात हुई थी ...

स्कूलों के नाम पर महामारी है ..

रैलियों क नाम पर सिर्फ एक छोटी सी बीमारी है ...

बच्चो की आंखो मे सपनो की जगह चश्मे नजर आ रहे है ...

कयो हर तरफ मां बहनो के लिये खतरे नजर आ रहे रहे ....

क्यो हर तरफ मां बहनो के लिये खतरे नजर आ रहे रहे है !!

20. Sagar Naskar

इनका नाम सागर नस्कर हैं | अपने काम के माध्यम से आप तक पहुंचने के लिए सम्मानित महसूस कर रहे हैं। यह एक महत्वाकांक्षी लेखक हैं जिनका जन्म और पालन-पोषण दिल्ली, भारत में हुआ है। दुनिया भर की विभिन्न साहित्यिक पत्रिकाओं में उनके उपन्यास और कविताएँ प्रकाशित हो चुकी हैं। इनके घर प्यार और हँसी और ढेर सारे जानवरों से भरा है। इन्हें अपने खाली समय में विभिन्न विषयों के बारे में लिखने में मज़ा आता है जो इनके दिल से आते हैं। यह जादू, फंतासी, जुनून से भरी कहानियां लिखते हैं, और आपको हंसाने के लिए पर्याप्त हास्य है। हमें उम्मीद है कि आप उसके शब्दों को अपने दिल में महसूस कर रहे हैं।

"लोंग डिस्टेंस वाला आशिकी"

सुनो हम दूर है तो क्या हुआ, हम बहुत जल्द मिलेंगे,
ये लोंग डिस्टेंस वाला प्यार है, एक दिन जरूर मिलेंगे |

कहीं रातें, कहीं यादें बस यही सोच में निकल जाता है,
तुमसे मुलाकात कब होगा, यही खयालों में निकल जाता है |

तुम्हारे साथ रहने का एहसास मुझे आज भी सताता है,
बिताए हुए पल तुम्हारे साथ मुझे आज भी तुम्हें याद दिलाता है |

घंटों की सफर, कुछ पल की मुलाकात भुला देता है,
तेरे साथ रहने का एहसास, मुझे फिर से तुझे ही और ज्यादा,
मोहब्बत करने का मन बना देता है |

लोग बोलते हैं सच्चा मोहब्बत दूर नहीं रहते, पर मेरा मानना है,
दूर रहकर भी मोहब्बत सच्चा रहे, वही सच्चा मोहब्बत है |

लोंग डिस्टेंस रिलेशनशिप क्या सच में बहुत मुश्किल होता है ?
लोग बोलते हैं, मैं नहीं मानता |
हां मुश्किल तो होता है लोंग डिस्टेंस रिलेशनशिप पर,
कोई निभाने वाला हो तो यह भी आसान हो जाता है |

कहीं पल, कहीं महीने, कहीं साल एक दूसरे से नहीं मिल पाते है,
और जब मिलते हैं वह लम्हा,बहुत खूबसूरत बन जाते है |

जो लोग लोंग डिस्टेंस रिलेशनशिप में रहते हैं,
उनको एक दूसरे से कोई अलग ही नहीं कर सकता,
सच कहूं तो लोंग डिस्टेंस वाला प्यार कोई कर ही नहीं सकता |

21. Akshita Aggarwal

अक्षिता अग्रवाल एक कवियत्री, लेखिका एवं कई संकलनों की सह-लेखिका हैं। यह दिल्ली से हैं। यह अपने सबसे अच्छे दोस्त, अपने पेन के साथ सबसे ज़्यादा वक्त बिताना पसंद करती हैं। जब भी यह अपने पेन के साथ नहीं होती हैं तब, यह लव-स्टोरीज़ या उपन्यास पढ़ना पसंद करती हैं। इन्हें अपना समय संगीत सुनने में बिताना भी बहुत पसंद है। इन्होंने कई ऑनलाइन डेली राइटिंग

चैलेंज में आज तक बहुत सारे सर्टिफिकेट जीते हैं। इन्होंने आज तक कई ओपन -माइक कॉन्टेस्ट में भी पार्टिसिपेट किया है और सर्टिफिकेट प्राप्त किए हैं

सुंदर रात

यूं तो खूब काली और
खूब अंधेरी होती है रात।
यूं तो खूब लंबी-सी और
खामोशियों में डूबी-सी भी,
होती है हर रात।
पर, फिर भी बहुत सुकून देती है।
यह शांत-सी रात।
हां, पर सुंदर तो होती ही है हर रात।

चाँद की चाँदनी और
तारों की चमक ही होती है।
जो बनाती है,
एक रात को सुंदर रात।
अनुपम नजारे की स्वामिनी होती है वह,
जिसे कहते हैं हम सुंदर रात।

कभी-कभी किसी के लिए,
इन सब चीज़ों से नहीं होती।
हर रात सुंदर रात।
किसी-किसी के लिए,
हाथों में हो किसी का हाथ।
चाँदनी रात में हो,
किसी का प्यार भरा साथ।
तो ही सुहानी और
सुंदर हो पाती है।
उसके लिए हर रात।

हां, पर सुंदर तो होती ही है हर रात।

कभी-कभी किसी-किसी के लिए,
किसी के इंतज़ार में कटी रात ही,
होती है सबसे सुंदर रात।
पूछो किसी बच्चे से अगर कभी,
तो उसके लिए,
उसकी मां के आँचल में।
मिले सोने को सर रख,
मां की गोद में।
वही होती है सबसे सुंदर रात।
हां, पर सुंदर तो होती ही है हर रात।

कभी सोचो ज़रा ध्यान से तो,
कई प्रश्न अपने आगोश में,
समेटे होती है यह रात।
यही कि,
क्या सभी के लिए,
सुंदर ही होती है रात?
यही प्रश्न यह रात,
हर रोज़ लाती है अपने साथ।
क्या सुंदर ही होती है,
सभी के लिए हर रात?

यूं तो एक है ठहराव-सा अपने साथ,
लिए आती है हर सुंदर रात।
परंतु, क्या सभी के जीवन में,
परेशानियों का दौर लेता है,

कभी ठहराव किसी रात?
सर्दियों में सड़कों पर,
बिना कंबल ठिठुरते हुए,
सोने की कोशिश करते बच्चों के लिए,
कैसे हो सकती है हर रात सुंदर रात?
सड़क किनारे बिना किसी आशियाने के,
बिना खाने के,
भूख में बिलबिलाते बच्चों के लिए,
कैसे हो सकती है हर रात सुंदर रात?
गरीब छोटे बच्चों को जब,
मीठी नींद के सपनों में भी,
बड़ी-बड़ी जिम्मेदारियों का हो एहसास।
उन बच्चों के लिए,
कैसे हो सकती है हर रात सुंदर रात?
तो, कभी सोचो ज़रा ध्यान से कि,
क्या सभी के लिए होती है,
हर रात सुंदर रात?

यूँ तो खूबसूरत-सी, सुंदर-सी ही,
होती है हर रात।
परंतु,
क्या हमारे देश की हर लड़की,
कह सकती है बिना डरे कि,
हां, सुंदर ही तो होती है हर रात?
क्या निकल सकती है कोई लड़की,
अपने घर से बिना यह सोचे कि,
हो गई है बहुत रात।
शायद, नहीं।

हर लड़की के लिए,
हर रात सुंदर रात।
मैं एक लड़की हूँ शायद,
तभी कह पा रही हूँ मैं यह बात कि,
डर भी अपने आगोश में,
समेटे आती है ज़रूर।
यह सुंदर-सी दिखने वाली रात।

जब सड़कों पर नहीं सुनेगी,
भूख से बिलबिलाते,
बच्चों के रोने की आवाज़।
हर लड़की खुलकर,
बिना डरे निकल पाएगी घर से।
बिना सोचे यह बात कि,
हो गई है अब तो बहुत रात।
सभी अपने-अपने आशियाने में,
रहा करेंगे जब साथ-साथ।
कसम से, उस रात से ज़्यादा सुंदर,
नहीं होगी देश में और कोई भी रात।
हां, फिर ज़रूर होगी हर रात,
सुंदर रात।
सुंदर रात।

◄?अक्षिता अग्रवाल►

? Insta Id - akshita22072000

22. AFRIN FATHIMA.B

AFRIN FATHIMA.B is currently studying in grade 11 in St.Francis Xavier Anglo Indian Hr sec school. She is from chennai. She is a very talented writer. She loves to write poems . She is unique in everything . Her write ups are in a unique way. She wants to change something using her write ups.

Education

The education is the best thing ,
That every human use to spread their wing .

Education is the most precious gift , Which will give a
grand lift .

Every successful person have gained the knowledge .
Education is their best acknowledge.

Every human in the earth should gain education ,
Going out for spreading education is the best vacation .

All the poor children should get the knowledge of education,
It helps to develop the country's wealth .

For me ,
The most happiest thing is spreading education
It is the best thing among my attraction.